www.ingramcontent.com/pod-product-compliance
Ingram Content Group UK Ltd.
Pitfield, Milton Keynes, MK11 3LW, UK
UKHW021651190726
13853UKWH00001B/194

رابطة الأدب الإسلامي العالمية
مكتب البلاد العربية
سلسلة أدب الأطفال
(١٠)

شَيْماءُ

مجموعة قصصية للأطفال

تأليف
د. حسن القشتول

فازت بالجائزة الثالثة في مسابقة رابطة الأدب الإسلامية العالمية

ح مكتبة العبيكان، ١٤٢٩هـ

فهرسة مكتبة الملك فهد الوطنية أثناء النشر

القشتول، أحمد

شيماء./ أحمد القشتول. - الرياض، ١٤٢٩هـ

٥٩ ص؛ ١٤ × ٢١سم

ردمك: ٨-٥٤٤-٥٤-٩٩٦٠-٩٧٨

١- القصص العربية ٢- قصص الأطفال

أ- العنوان

ديوي ٨١٣,٠١ ١٤٢٩/٤٢٢٨

رقم الإيداع: ١٤٢٩/٤٢٢٨

ردمك: ٨-٥٤٤-٥٤-٩٩٦٠-٩٧٨

الطبعة الأولى

١٤٢٩هـ/ ٢٠٠٨م

الناشر: العبيكان Obeikan للنشر

الرياض - شارع العليا العام - جنوب برج المملكة

هاتف ٢٩٣٧٥٧٤ /٢٩٣٧٥٨١ فاكس ٢٩٣٧٥٨٨

ص. ب ٦٧٦٢٢ الرمز ١١٥١٧

التوزيع: مكتبة العبيكان Obeikan

الرياض - العليا - تقاطع طريق الملك فهد مع العروبة

هاتف ٤١٦٠٠١٨ /٤٦٥٤٤٢٤ فاكس ٤٦٥٠١٢٩

ص. ب ٦٢٨٠٧ الرمز ١١٥٩٥

المحتويات

في الغابة

قال عثمان لجده: أعجبتني كثيراً حكايةُ النسرِ العملاقِ، فاحكِ لي حكايةَ الأسدِ الشرير.

قالِ الجَدُّ: يُحكى أن أسداً شريراً خرج من عرينه يومَ العيد، وقد تزينَ بجلودِ الغزلانِ الجميلة، وفراءِ الأرانبِ الوديعةِ التي افترسها، ووضع على رأسه تاجاً من ريش الطواويسِ والحجل والنعامِ، وجلس على العرشِ وحوله السباعُ والضباعُ والنمورُ والفهودُ، ونادى كل الحيوانات الأخرى، فأتت مسرعة واصطفت أمامه ذليلة. فوقف وأطلق زئيراً مدوياً، ملأ أرجاء الغابة، وارتعشت له قلوب كل الحيوانات. وخطب قائلاً:

- أيتها الحيوانات الحقيرة التافهة: لا تحية ولا سلام. أما بعد:

اعلموا أنه أنا صاحب هذه الغابة، وأنا الأحق بالتقديس والطاعة. فمن عصاني، فسأمزقه بأنيابي ومخالبي.

وبعد لحظة من الصمت وقف فيل فرفع خرطومه وقال:

- يا أيها الأسد المغرور، إن ربنا هو الله الذي خلق كل شيء. وما أنت إلا مخلوق مثلنا. وإنما فضَّلك الله علينا بهذه القوة، لتحكمنا بالعدل، وتكون أكثر عبادة منا.

انقض عليه الأسد ومزق جلده بأنيابه ومخالبه. وقهقه بصوت مرعب وقال:

- هل من متمرد آخر؟

بعد لحظة من الصمت خرج من بين جموع الحيوانات الخائفة حمار وحشي، فحرك ذيله وقال بأدب واحترام:

- أنت فعلاً قوي هذه الغابة وملكها، ولكن ليس لك الحق في أن تظلم الضعفاء يا سيدي.

اقترب منه الأسد وهو يبتسم بسخرية فوضع يده على كتفه وقال له:

- نعم أنت على حق يا أكلتي اللذيذة، فلف ذراعه على عنق الحمار وأسقطه أرضاً، وعضه وفتح بطنه فأكل كبده، وقال للنمور والفهود والضباع والنسور:

- كلوا يا وزرائي اللحم الطري.. هنيئاً.. مريئاً.

بلعت كل الحيوانات ريقها من الخوف وطأطأت رؤوسها. وزأر الأسد وقال:

- هل من شجاع آخر؟

ساد الغابة صمت رهيب، ولم يعد الأسد يسمع إلا طنيناً بالقرب من أذنه اليمنى، فزمجر قائلاً:

- ما هذا الصوت؟ من أنت؟ أين أنت؟

فسمع صوتاً خافتاً يقول:

- أنا بعوضة.. حشرة صغيرة جاءت لتقول لك: الله أكبر.

أخرج الأسد مخالبه وضرب الهواء بيده وصاح غاضباً:

- لا.. أنا.. أنا.

فانتقلت البعوضة إلى أذنه اليسرى وهمست فيها:

- لا غالب إلا الله. وما أنت إلا مخلوق حقير.

ضرب الهواء مرة أخرى بمخالبه وعضه بأنيابه وصاح:

- لا .. أنا .. أنا .

التصقت البعوضة بمقلته، وغرزت خرطومها عدة مرات فيها، فأدمت عين الأسد.. فوضع الأسد يديه على عينيه وصرخ:

- آه.. عيناي تؤلماني، لم أعد أبصر، لم أعد أبصر.

انقضت عليه جميع الحيوانات، فنهشت النمور والفهود والضباع لحمه بأنيابها ومخالبها، ووطأت الفيلة بطنه بقوائمها، ورفست الحمر الوحشية ظهره بحوافرها، ونطحت الغزلان والوعول رأسه بقرونها. وحتى الطيور نقرت عينيه بمناقرها... وهو يتوسل ويصيح بعد أن بلغت روحه الحلقوم:

- لا تقتلوني. أنا تائب، أنا تائب..لن أظلم بعد اليوم أحداً..

الغَشّاشُ وحِمارُهُ

استيقظ الرجل على نهيق حماره المزعج، فحك عينيه وصاح غاضباً:

- ماذا تريد يا صاحب الصوت المنكر؟

أجابه الحمار:

- إني جائع، أريد حفنة شعير يا سيدي.

قال الرجل:

- لا أملك مالاً، فمن أين سآتيك بالشعير؟

قال الحمار:

- أنفق علي مما كسبته بالأمس. فلقد نقلت على ظهري بضاعة ثقيلة.

قال الرجل:

- أيها الحمار الشقي، لقد أنفقت عليك أكثر مما تستحق.

نهق الحمار من الجوع الشديد نهيقاً مفزعاً متواصلاً، حتى ضاق به صاحبه ذرعاً. فقال له:

- كفى نهيقاً، سوف أشتري لك شعيراً بعدما أبيع السمن في السوق.

قال الحمار:

- لا أصدقك، لأنك لا تملك سمناً.

قال الرجل:

- سوف ترى.

خرج الرجل من البيت، واشترى من الدكان القريب بدرهم سمناً، فأتى به إلى البيت ووضعه بجانبه، وطبخ كمية من البطاطس في الماء، وقشرها وعجنها وملأ بها جرة من الخزف، ووضع فوق البطاطس طبقة رقيقة من السمن. ثم حمل الجرة، وأمسك بلجام حماره، وخرج قاصداً السوق وهو يقول للحمار:

- سأبيع هذه الجرة من البطاطس، بل من السمن، بعشرة دراهم، وسأشتري لك شعيراً كثيراً.

قال الحمار:

- لن آكل شعيراً من مال حرام.

قال الرجل:

- مت من الجوع إذن.

دخل الرجل إلى السوق يجر حماره، فوضع الجرة على الأرض. وبعد لحظة أتى شخص وسأله قائلاً:

- كم ثمن هذا السمن يا سيدي؟

أجاب الرجل:

- عشرة دراهم يا سيدي.

أخذ الشخص الجرة وذاق قليلاً من السمن ، ثم سأل البائع:

- هل هذا السمن جيد؟

اختطف البائع الجرة من يد المشتري وأجابه:

- طبعاً يا سيدي! أضمن لك الجودة.

وقف شخص آخر فقال:

- أنا أعطيك مقابل جرة السمن خمسة عشر درهماً.

وقال ثالث:

- وأنا أعطيك عشرين درهماً.

فرك الرجل يديه من الفرح وقال:

- وأنا أوافق.

قال الحمار في نفسه:

- أما أنا فلا أوافق.

فركل الجرة بحافره، فانكسرت، فرأى الناس عجينة البطاطس مختلطة بقطع الخزف فصاحوا:

- غشاش، غشاش. يبيع سمناً مزيفاً.

فأخذوا عجينة البطاطس، ولطخوا بها رأس الرجل. فبدأ الرجل يلحس بأصبعه من رأسه، ويضع في فمه وهو يقول:

- ما ألذه! إنه سمن نباتي صحي!

وبدأ الحمار يلحس رأس صاحبه الغشاش وهو يقول:

- صحيح ..إنه ألذ من الشعير!!

بَسْمَة .. ونَسْمَة

بسمة ونسمة نحلتان نشيطتان تعملان بجد واجتهاد طول النهار: تذهبان في الصباح الباكر إلى الجبال والأودية بحثاً عن الزهور. وفي المساء تعودان، وقد امتلأ بطناهما بالرحيق. وفي الليل تصنعان منه العسل اللذيذ المفيد، فتملآن به الخلية، وتوزعانه بعد ذلك على المرضى من الناس والحيوانات.

رحل فصل الربيع، واشتدت الحرارة في فصل الصيف، فجفت الأنهار والجداول وذبلت الزهور. ولم تعد بسمة ونسمة تجدان رحيقاً، ولم تعودا تصنعان عسلاً؛ لذلك قررتا أن تتمتعا بالراحة في خليتهما.

وفي مساء أحد أيام عطلتهما سمعا نقراً على باب الخلية. قالت بسمة لأختها نسمة:

- افتحي وانظري من يدق بابنا في هذه الساعة المتأخرة يا نسمة.

نسمة: من الطارق؟

الصوت: أنا.

نسمة: من أنت؟

الصوت: أنا البلبلة أنغام.

نسمة: مرحباً بصديقتنا أنغام. تفضلي.

أنغام: شكراً يا عزيزتي. لا أستطيع، فأنا مستعجلة.

نسمة: ماذا يقلقك يا صديقتي؟

أنغام: صغيري .. إنه مريض جداً يا عزيزتي.

نسمة: أنت إذن في حاجة إلى الدواء، أليس كذلك؟

أنغام: بلى، وبسرعة أرجوك.

دخلت نسمة إلى غرفة بسمة وقالت لها:

- إنها صديقتنا أنغام، جاءت تطلب عسلاً لتعالج به صغيرها المريض.

بسمة: آسفة يا أختي لم يبق لدينا من العسل إلا ما يكفينا لفصل الشتاء.

نسمة: هل يعني هذا أننا سندع صديقتنا أنغام تفقد صغيرها بسبب المرض؟

بسمة: بالطبع لا. أعطيها ما يكفيها من العسل، واستعدي للسفر غداً، كي نبحث عن الزهور بعيداً وراء الجبل.

وفي الصباح حلقت نسمة وبسمة في السماء حتى فوجئتا بمروج واسعة مزركشة كالزرابي فيها زهور كثيرة مختلفة الألوان والأشكال. ففرحتا، وبدأتا تمتصان الرحيق.. وتتنقلان من زهرة إلى أخرى بخفة ونشاط... وبعد لحظة هاجمتهما خنافس كبيرة سوداء ذات أشكال مرعبة، وبدأت تطاردهما، وتفسد الزهور، وتفترس أوراقها كأنها وحوش ضارية.. وأمسكت خنفساء بجناح نسمة وأسقطتها على الأرض، وأحاطت بها خنافس أخرى، وبدأت ترقص وتقهقه، وتكشر عن أنيابها استعداداً لافتراسها.

أما بسمة فقد هربت خائفة، فابتعدت قليلاً وبدأت تنتحب: وتستنجد:

- أختي.. أختي.. حبيبتي، النجدة.. النجدة.. اللعنة

عليك أيتها الخنافس المتوحشة... فلما يئست من نجاة أختها طارت وهي تبحث عمن يساعدها في إنقاذ أختها!.

وبعد قليل سمعت غناء جميلاً، فتعرفت على صوت أنغام، فصاحت:

- أنغام .. أنغام، النجدة .. النجدة..

فرفرفت أنغام مسرعة إلى بسمة وقالت لها:

- لماذا تبكين يا حبيبتي بسمة؟

أجابتها بسمة باكية:

- إن حياة أختي نسمة في خطر. ستفتك بها خنافس هناك في مروج الزهور.

قالت أنغام:

- هيا بنا ننقذها، هيا بسرعة.

نادت أنغام طيور الجبل، واتجهت إلى المروج، فانقضت الطيور على الخنافس فالتهمتها كلها، وأنقذت نسمة.

شكرت بسمة أنغاماً. فابتسمت أنغام وقالت:

- لا شكر على واجب يا أختي، فلقد أنقذتما صغيري من الموت بعسلكما، والآن ها هي ذي المروج قد أصبحت لكما، امتصا منها ما شئتما من رحيق الزهور، واصنعا لنا ما نحتاج من العسل اللذيذ المفيد.

الدِّيكُ المؤذِّنُ

كان في إحدى القرى الجبلية كوخ فوق تل، يسكن فيه شيخ له حمار وكلب وديك ودجاجة. وكان الديك يستيقظ كل يوم في الفجر، والجميع نائمون، فيصرخ في صمت الليل بصوت مرتفع: (قوقو .. قوقووووو...) فيستيقظ جميع من في الكوخ مفزوعين فيوبخون الديك ويلومونه. فيقول له الحمار:

- ما أشد صوتك على أذني أيها الديك المزعج، إن لم تكف عن هذا، فسأقتلك يوماً بركلة من حافري!

ويقول له الكلب:

- حرمتني من النوم العميق يا أيها الديك المزعج، إن لم تكف عن هذا فسأهشم رأسك بعضة من أنيابي!

وتقول له الدجاجة:

- قطعت علي أحلامي اللذيذة أيها الديك المزعج، إن

لم تكف عن هذا فسأطلب منك طلاقي وأتزوج غيرك!

ويقول لهم الديك المسكين بكل هدوء:

- يا إخوتي، إن هذه وظيفتي، فأنا مؤذن القرية، ولا بد أن أصيح لأوقظ كل الخلائق لصلاة الفجر.

فيردون عليه بصوت واحد:

- أجل الأذان إلى طلوع الشمس.

لكن الديك يتابع صياحه بصوت مرتفع: (قوقو.. قوقووووو...). فيغلقون آذانهم ويغرقون في النوم العميق.

وفي وقت الفطور يقدم الشيخ أكبر كمية من الطعام للديك، فيحتج الحمار والكلب والدجاجة، ويسألون الشيخ:

- لماذا تفضل الديك علينا في الطعام يا سيدنا؟

فيجيب الشيخ قائلاً:

- اعلموا أن هذا الديك أفضل عندي منكم جميعاً؛ لأنه يحرم نفسه من متعة النوم ليوقظنا بأذانه لصلاة الفجر. ومع ذلك لا يلقى منكم إلا اللوم والتوبيخ.

وفي إحدى الليالي قام الحمار، فحاول أن يقلد الديك بنهيقه: (آع. آع. آع...) فأزعج النائمين. فقالت له الدجاجة:

- اصمت يا حمار، إنه منتصف الليل ولم يحن بعد وقت صلاة الفجر.

فسكت الحمار وعاد إلى النوم. وفي الفجر أذن الديك أذاناً جميلاً: (قوقو.. قوقووووو...) فاستيقظ جميع من في الكوخ، فصلوا وسبحوا، وشكروا الديك ووعدوه بأن يستيقظوا كل فجر. وفي وقت الفطور أضاف الشيخ لكل واحد منهم كمية من الطعام.

وِدادُ وَنِهادُ

هذه نهاية فصل الربيع، وبداية فصل الصيف: الحقول صفراء، والسماء صافية زرقاء، ونسيم الصباح يداعب سنابل القمح ويعانق بعضها بعضاً فرحة بنضوجها، وبقدوم موسم الحصاد.

هناك في جانب الحقل بالقرب من الوادي سنبلتان متجاورتان؛ إحداهما تدعى (وداد): هادئة ومنحنية الرأس. والأخرى تدعى (نهاد): وهي كثيرة الحركة مرفوعة الرأس. وفي كل صباح تحيي ودادُ نهادَ قائلة:

- السلام عليك يا جارتي نهاد.

لكن نهاد تتكبر فلا ترد عليها التحية، فتحزن وداد، وتقضي الليل حزينة، وتسأل نفسها:

- لماذا تعاملني نهاد بهذه القسوة، هل آذيتها يوماً ونسيت؟ لا، لم أمسسها بسوء أبداً. إذن يجب أن أعاملها بالمثل. لا.. لا، إنها ليست قدوة حسنة لي.

هكذا عاشت وداد أياماً وليالي في صراع مع نفسها بسبب سوء معاملة نهاد لها. وفي أحد الأيام هبت ريح فمالت وداد ولمست برأسها ساق نهاد، فصاحت نهاد:

- ابتعدي عني، ولا تلمسيني.

فردت عليها وداد برقة ولطف: معذرة يا أختي لم أقصد.

نهاد: بل قصدت، وإلا فلماذا تركعين هكذا إذن؟

وداد: لا أستطيع رفع رأسي.

نهاد: أنت إذن ذليلة.

وداد: نعم أنا ذليلة وراكعة للذي أنبتني ورزقني من حبة واحدة حباً كثيراً.

نهاد: أما أنا فلا أرضى لنفسي إلا الشموخ والكبرياء.

وكانت نملة نائمة في ظل السنبلة وداد، فسمعت ما دار بينهما من حوار؛ فقامت وقالت للسنبلة نهاد: كفي عن ظلم جارتك يا سنبلة.

فردت نهاد بعصبية: هذا ليس من شأنك أيتها النملة السوداء المتسولة.

قالت النملة: صحيح أنا متسولة، ولكن لا أسأل سوى السنابل الكريمة. ألا ترين أن وداد تجود علي كل يوم بحبة قمح أو أكثر. أما أنت فلا أرى فيك إلا التكبر والخواء.

وفجأة هبط من السماء سرب من الطيور، فحلقت ثلاثة منها على رأس السنبلة وداد، فأكلت حبات من القمح حتى شبعت، فشكرت وداد وانصرفت. ووقف طائران على رأس نهاد، فانكسر ساقها فوقعت على الأرض. ولم يجد الطائران فيها حبا، فشتماها وانصرفا، وبقيت نهاد تئن من الألم، فقالت النملة: صدق الشاعر إذ قال:

مَلأى السنابل تنحني بتواضعٍ
والفارغاتُ رؤوسُهنَّ شوامخُ

حَفيدُ ابْنِ بَطُّوطَة

اجتمع أطفال الحي في عشية اليوم الأول من شهر رمضان، وبدأ كل واحد يحكي مغامراته. فحكى خالد هذه الحكاية:

كنت في أيام عطلة الصيف ألهو على شاطئ البحر، أرسم بأصبعي على الرمل الورد والشمس، فتمحو الأمواج الهادئة رسومي. وأحلم دائماً بالإبحار بعيداً، فتقطع نداءات أمي أحلامي.. وذات يوم وقف بجانبي رجل بوجه مشرق ولحية بيضاء وعمامة كبيرة ، فقال لي:

- هل تحب الإبحار على متن السفينة يا بني؟

قلت: نعم، ولكن من أنت يا سيدي؟

قال: ألا تعرفني؟ أنا جدك ابن بطوطة.

قلت: أهلاً بجدي ابن بطوطة. فقد حكت لي أمي الكثير عن رحلاتك ومغامراتك. أين كنت؟

قال: كنت في بلاد العجائب، إنها بعيدة هناك وراء المحيط. وأنا الآن أستعد للسفر إلى بلاد أخرى. ما رأيك في أن ترافقني على متن سفينتي الشراعية؟

قلت: بكل فرح وسرور. ولكن أمهلني حتى أخبر أمي.

قال: أنا هنا في انتظارك.

أخبرت أمي وعدت على الفور، أحمل معي طعامي وملابسي..

ركبنا السفينة، فشقت بنا عباب البحر، شعرت بالسعادة تغمر قلبي، وأنا أتمتع بمناظر البحر والسماء والأمواج والطيور والدلافين... ولما ابتعدنا كثيراً عن البر، تلبدت السماء بسحب كثيفة سوداء، وهبت عاصفة قوية، وهطلت أمطار غزيرة فبدأت السفينة ترتفع بنا فوق قمم الأمواج العالية. قال جدي:

- لا أستطيع التحكم في السفينة، ولا أدري إلى أين تتجه بنا؟!

بدأت أبكي وأستنجد: أمي أنقذيني. سوف أغرق. سوف أغرق..

قال لي جدي:

- لا تخف يا بني، سنصل إن شاء الله، إلى بر الأمان.

تمسكت بعمود خشبي، وبدأت أدعو الله أن ينجينا من الغرق.

هدأت الرياح وتوقفت الأمطار، وسكن الموج، فتقدمت السفينة حتى رست على شاطئ لا ندري أين يقع. نزلنا ومشينا على رمال ذهبية لامعة.. يا لها من مناظر طبيعية خلابة!.. إنها جزيرة ساحرة: طرقها نظيفة، محاطة بحدائق فيها ورود وأزهار، أشجارها مثمرة، تجري بينها جداول صافية، سكانها بشوشون كرماء، بناياتها متناسقة وجميلة: منازل ومساجد ومدارس ومستشفيات، ليس فيها محاكم ولا سجون، أطفالها مهذبون يتبادلون الهدايا. أعطاني طفل وسيم قطعة كبيرة من الحلوى، وقال لي مبتسماً:

- مرحباً بك يا أخي في مدينة الحب.

قلت في نفسي: يا سلام! أنا إذن في مدينة الحب. كم تمنيت أن تتحول كل مدننا إلى مدن الحب والسلام!!

استقبلنا رجل أنيق فقال لنا:

- حللتم أهلاً ونزلتم سهلاً.. أهلاً وسهلاً. فأهدانا حصانين رائعين وقال:

- تفضلا، اركبا وتفسحا في غابة مدينة الحب كما شئتما.

ما أجمل تلك الغابة!! أشجار باسقة، وظلال وارفة، وطيور على اختلاف الأشكال والألوان، وقطعان من الغزلان ، وعيون وأنهار... لا أصدق عيني! هل أنا في حلم؟! رأيت غديراً محاطاً بالزهور، ماؤه رقراق عذب، تسبح فيه إوزات صغيرة. نزلت عن الحصان، وخلعت ملابسي، وقفزت إلى الماء.. فإذا بي أجد نفسي قد وقعت من سريري على الأرض!!! فصرخت.

قالت أمي: قم يا ولدي من النوم، إنه وقت الذهاب إلى المدرسة.

قلت: لماذا قطعت حلمي الجميل؟ فحكيت لها ما رأيت!

قالت: إنما هذا مجرد حلم صغير يا ولدي. أما ما ينتظرنا في الجنة فحقيقة. فكن مسلماً مستقيماً إن شئت أن تخلد في نعيم الجنة.. في الفردوس الأعلى.. ففيها ما لا عين رأتْ، ولا أذن سمعتْ، ولا خطر على قلب بشر. مع النبيين والصديقين والشهداء والصالحين، وحسن أولئك رفيقاً.

القُنْبلةُ الحَجَرِيَّة

كان (عز الدين) يخجل من النظر في عيني أمه، وهي تبكي، عندما كانت الجرافات الإسرائيلية تهدم بيت العائلة. تمنى لو عاد صلاح الدين ليسحق تلك الآلات، ويقتل أولئك الجنود الصهاينة الذين يحمونها.. حمل كل واحد من أفراد العائلة ما استطاع من متاع. أما عز الدين، فالتقط حجراً من أنقاض البيت المهدم، وقبله ودسه في محفظته مع كتبه.. كانت الرحلة طويلة وشاقة.

سأل عز الدين أمه قائلاً: إلى أين سنذهب يا أمي؟

أجابته وهي تمسح دموعها: إلى الخليل يا ولدي.

قال لها: هل سيكون لنا بيت آخر هناك؟

أجابته قائلة: سوف ننزل في بيت عمتك، ريثما يبني لنا أبوك، إن شاء الله، بيتاً جديداً.

سألها عز الدين: وإذا هدم الجنود بيت عمتي أيضاً؟

أجابته: لن يفعلوا يا ولدي لأن هناك أطفالاً أبطالاً يطاردونهم بالحجارة.

وضع عز الدين يده على الحجر الذي في محفظته، وقال لأمه: هل ستسمحين لي يا أمي بمصاحبة هؤلاء الأطفال؟

أجابته أمه: طبعاً يا بني، سوف تكون واحداً منهم.

في الحي الذي تسكن فيه عمة عز الدين أطفال كثيرون، يتدربون على رمي الحجارة، ويلعبون لعبة الحرب: يجرون، ويقفزون، ويزحفون.. وفي المساء يحكون حكايات الفدائيين الأبطال.

رافق عز الدين زملاءه، بعد خروجهم من المدرسة، بعيداً عن الحي. وشاركهم رمي الحجارة على الجنود الإسرائيليين.

توقفت سيارة فنزل منها جنديان، أحدهما طارد

الأطفال ففروا جميعاً إلا عز الدين، ناداه زملاؤه: تعال يا عز الدين، تعال.. اِجْرِ، اُنْجُ بنفسك.

لكن عز الدين تسمر في مكانه، والتفت نحو الجندي اليهودي، ونظر إليه نظرة حادة، وأدخل يده في محفظته فأخرج منها الحجرة التي جلبها من أنقاض بيت عائلته المهدم فقبلها. أما الجندي فقد ظن أن في يد عز الدين قنبلة يدوية، ففزع وهرب، فتعثر فوقع على الأرض، فانكسرت ساقه، فرماه عز الدين بالحجر بأقصى قوته، فأدمى رأسه.

انتشر الخبر في الحي، فصار الناس يحكون في البيوت ويقولون: عز الدين.. الطفل الصغير قتل جندياً يهودياً بالحجر. وهكذا اشتهر عز الدين، وأصبح يدعى بطل القنبلة الحجرية.

بطل فتية أبابيل

بطل حجارة من سجيل ستجعل اليهود كعصف مأكول..

بطل قنبلة من حجرٌ..

في القدس قد نطق الحجرٌ..

لا مؤتمرٌ.. لا مؤتمرٌ..

أنا لا أريد سوى صلاحٌ..

أنا لا أريد سوى عمرٌ..

شَجَرَةُ التّين

كانت بالقرب من مدرستنا شجرة تين كبيرة. كثيرة الأغصان، ضخمة الجذع، نتسلقها بسهولة، فنأكل من تينها المعسل اللذيذ، ونستظل بظلها من حرارة الشمس، ونتعلق بأغصانها الممتدة إلى كل الجهات، ونجلس على فروعها المتينة، نقهقه ونغني كالعصافير..

كانت هذه الشجرة كأم حنون تتحمل لعبنا وتصبر لضجيجنا.

وفي يوم من أيام فصل الربيع، جاء رجل غريب يحمل آلة لقطع الأشجار، فوقف بجانب الشجرة، وكانت أوراقها قد تكاثرت واخضرت، فرفع الرجل إلينا رأسه وصاح:

- اهبطوا من الشجرة يا قرود، وإلا أسقطتكم منها كما يسقط التين.

شعرنا بالخوف، لكن عمر، وهو ولد في العاشرة

من عمره، نحيف وجميل، وسريع الحركة، وقليل الكلام، وشجاع جريء . نحترمه جميعاً، أجابه قائلاً:

- أولا يا سيدي نحن تلاميذ مؤدبون ولسنا قروداً.

- وثانياً من أنت حتى تأمرنا بالهبوط من شجرتنا؟

قهقه الرجل مستهزئاً وقال:

- تقول شجرتكم؟ من أعطاكم إياها؟

أجابه عمر:

- ربنا الذي أعطانا كل شيء.

قال الرجل:

- قريباً ستقول هذه آلتكم أيضاً!

قال عمر:

- لا حاجة لنا بها، إنها عدوة لنا، لأنها شريرة تقطع الأشجار البريئة.

قال الرجل:

- أنا لا أفهم هذا الكلام. أنا مجرد عامل مأمور ومأجور.

قال عمر:

- إذن لن نتكلم إلا مع الذي أمرك واستأجرك. ولن نرضى أن يشتمنا أحد ولو كان عاملاً مأموراً ومأجوراً.

بعد قليل، وقفت على جانب الطريق سيارة كبيرة سوداء لامعة، وخرج منها رجل بطنه منتفخ، ورأسه أصلع، يشبه مدخنة يصعد منها دخان سيجارة غليظة. اقترب من الشجرة وقال للرجل صاحب الآلة:

- اقطع، ماذا تنتظر؟

قال الرجل:

- إن فوقها أطفال أشقياء، رفضوا الهبوط منها، لذلك ينبغي تأديبهم أولاً.

قال الرجل الأصلع:

- تصرف بسرعة.

وضع الرجل الآلة على الأرض، والتقط عصا، وتسلق الشجرة، وانهال على عمر ضرباً. فصحنا جميعاً:

- ابتعد عنه أيها الشرير.

وقال عمر متألماً:

- لن تقطع الشجرة حتى ولو قتلتني. إنها شجرتنا.

وصاح الجميع:

- نعم إنها شجرتنا.

كثر الصياح والصفير. فحضر المعلمون والمدير، وتحلق الجميع حول الرجلين، فاصفر وجه الرجل الأصلع من الخوف، فأخرج من محفظته أوراقاً وقال:

- انظروا. إن هذه الأرض ملكي، ومن حقي أن أفعل فيها ما أريد.

قال مدير المدرسة بهدوء:

- إن هذه الأرض ملك للمدرسة يا سيدي، ولنا أوراقنا أيضاً.وتوجها معاً إلى قسم الشرطة.

وفي المساء جمعنا المدير في ساحة المدرسة وقال مبتسماً:

- أبشركم يا أولادي الأعزاء بأن هذه الشجرة لن تقطع، لأن رجال الأمن اكتشفوا أن أوراق الرجل الأصلع مزيفة، فألقوا القبض عليه.

فرح التلاميذ وعانق بعضهم بعضاً، وقال أحدهم بصوت مرتفع:

- اسمعوا يا أصدقاء، من الآن فصاعداً سنسمي هذه الشجرة: تينة عمر.

فصفق الجميع وهتفوا: عاش عمر، عاش عمر..

المِذْياعُ الصغيرُ

أقبل يوم العيد ، ومحمود مازال حائراً، لا يدري أي لعبة سيختار: كرة أم مسدساً أم شيئاً آخر.

وأخيراً طلب من أبيه أن يشتري له مذياعاً صغيراً.

محمود الآن فرح بمذياعه، يقلبه ويبحث فيه عن محطات الإذاعات، وأخوه الصغير يتابع ويستمع. وسمعا المذياع يقول:

- السلام عليكم ورحمة الله. هنا صوت البراعم. إذاعة الصغار، ومنها يحييكم صديقكم نبيه:

أعزائي الأطفال، بعدما استمعنا إلى آيات بينات من القرآن الكريم، سنقدم لكم الآن نشرة الأخبار، هذا ملخصها:

الخبر الأول: طفل كاد يموت بسبب تناوله دواءً خطيراً.

الخبر الثاني: طفل يُضرب على وجهه بشفرة حلاقة.

والآن إليكم الأخبار بالتفصيل:

الخبر الأول: بلغنا أن طفلاً في الخامسة من عمره تناول كمية كبيرة من الشراب المسكن للسعال، فشعر بألم حاد في بطنه، وبعدما نقل إلى المستشفى، وقدمت له الإسعافات، قال الطبيب لأبيه:

- إن ولدك كاد أن يموت لولا لطف الله تعالى.

وقد أجرى مراسل إذاعتنا مع الطفل في المستشفى الحوار الآتي:

- ما اسمك؟

• سعيد.

- كيف حالك الآن؟

• الحمد لله.

- ماذا حدث لك؟

• شربت دواء أبي فآلم أمعائي.

- لماذا شربته؟

• لأنه حلو ولذيذ.

- من أعطاه لك؟

• تسلقت خزانة المطبخ وأخذته.

- هل ستكرر هذا الفعل مرة أخرى ؟

• لا، أبداً.

- ما النصيحة التي تريد أن توجهها إلى الأطفال؟

• أنصحهم بألا يتناولوا إلا ما تقدمه لهم أمهاتهم من الطعام والشراب.

- نشكرك ونرجو لك الشفاء العاجل.

أما الخبر الثاني، أعزائي المستمعين الصغار، فهو عن طفل في العاشرة من عمره، خرج من البيت ليلاً دون أن يخبر أمه، وذهب إلى قاعة للألعاب الإلكترونية. وهناك حاول أحد الأشرار أن يسرق منه النقود التي أخذها من جيب أبيه، ولما حاول أن يهرب، ضربه بشفرة الحلاقة على وجهه.

وقد أجرينا معه هذا الحوار:

- ما اسمك؟

• سامي.

- ما هذا الذي على خدك؟

• جرح كبير.

- ما سببه؟

• ضربني طفل شرير بشفرة الحلاقة.

- أين وقع الحادث؟

• في قاعة الألعاب.

- هل تذهب دائماً إلى هذه القاعة؟

• عندما يسافر أبي.

- وهل تخبر أمك؟

• لا.

- هل ستعود إلى اللعب في هذه القاعة؟

• لا، أبداً.

- هل تريد أن تقول كلمة للأطفال؟

• نعم، أنصحهم بألا يخرجوا ليلاً. وأن لا يقتربوا من أماكن الأشرار، وأن يطيعوا آباءهم وأمهاتهم.

- شكرا .. وإلى اللقاء.

هذه إذاعة البراعم. أما الآن أعزائي الأطفال، فننتقل بكم إلى برنامجكم المفضل: قصص القرآن.

وعند انتهاء هذا البرنامج ضغط محمود على الزر فسكت المذياع. ووضع يده على كتف أخيه وقال له:

- هل سمعت يا أخي ما يحدث لبعض الأطفال؟

أجابه أخوه: نعم.

فقال له:

- إذن يجب عليك ألا تتناول المواد الغريبة، وعليّ أن أتجنب الخروج من البيت ليلاً.

قال أخوه الصغير:

- نعم، ومد يده ليضغط على الزر قائلاً:

- أريد سماع مزيد من الأخبار.

قال محمود:

- ليس الآن يا أخي، فقد حان وقت النوم.

مَلابِسُ العِيدِ

دخل عبد الله بيته عائداً من المسجد بعد صلاة العشاء، فسلم على زوجته، وجلس كعادته على كرسي مكتبه، وقبل أن يتناول كتاباً سأل زوجته:

- أين ابننا كريم يا سكينة؟

أجابته سائلة:

- ألم يرافقك إلى المسجد؟

أجابها عبد الله:

- لا، لم يفعل هذه المرة!

قالت سكينة:

- أخشى أن يكون قد أصابه مكروه.

قال عبد الله:

- لا تخافي، سيكون بالتأكيد في بيت خالته.

وبعد إجراء مكالمة إلى بيت الخالة.. وضع عبد الله

سماعة الهاتف، ونظر إلى زوجته وعلى وجهه علامة استغراب وقال:

- شيء غريب .. إنه ليس في بيت خالته. أين سيكون إذن؟

اصفر وجه سكينة واتسعت عيناها وقالت:

- آه يا ربي. أين ولدي قرة عيني؟.. كريم ولدي.. كريم ولدي.

كريم في الثامنة من عمره، طفل مرح وذكي، لا تفارق الابتسامة شفتيه. وفي عينيه بريق كبريق النجوم. يحب أمه وأباه كثيراً، ولا يعصي لهما أمراً؛ كلما أمرته أمه قال لها مداعباً:

- سمعاً وطاعة يا أماه، فإن الجنة تحت قدميك كما أخبرنا معلمنا.

ارتدى عبد الله جلبابه وحذاءه، وتوجه نحو الباب وخرج ووقف إلى جانب الطريق حائراً يقول في نفسه:

رباه، إلى أين سأتجه في هذه الساعة من الليل؟ أين

سأجدك يا كريم يا ولدي؟ لا بد أن أسأل أولاً في قسم الشرطة.

أطلت سكينة من النافذة وقالت:

- يا عبد الله.. يا عبد الله. تعال. إنه هنا نائم تحت السرير.

دخل عبد الله إلى البيت مسرعاً وسأل:

- هل هو بخير؟

أجابته سكينة:

- لا تقلق، نعم، إنه بخير.

حمله على ذراعيه، وتأمل وجهه الصغير، وقبله على جبينه، ووضعه على سريره وغطاه، وقال لزوجته:

- لقد حيرني أمر كريم هذه الليلة.

ردت سكينة: وأنا أيضاً.

في الصباح جلس كريم إلى جانب أمه حول مائدة الإفطار خجولاً منحني الرأس، فقال له أبوه:

- لماذا لا تشرب حليبك يا ولدي؟

أجابه كريم: لست جائعاً.

قال أبوه: هل أنت مريض؟

أجاب كريم: لا.

تدخلت أمه قائلة: هل تخاصمت في المدرسة؟

أجابها: لا.

قالت: ما بك إذن. إنك لا تخفي عني شيئاً يا كريم!

سكت كريم لحظة ثم قال: إني خائف.

قال له أبوه وأمه معاً: مم أنت خائف يا ولدي؟

رفع رأسه ونظر إلى أبيه وقال له:

- هل تعدني بألا تعاقبني إذا أخبرتك بالحقيقة يا أبي؟.

أجابه أبوه: نعم، أعدك.

قال كريم:

- ألم تقل لي مراراً، إنك اخترت لي اسم كريم لأنه يعني الإنسان الطيب الذي يساعد الفقراء ويتصدق عليهم؟

أجابه أبوه: بلى.

قال كريم: بما أن يوم العيد قد اقترب، فإن كل تلاميذ الفصل قد اتفقوا على جمع النقود لشراء ملابس جديدة لزميلنا علي، إنه يتيم في حاجة إلى المساعدة، لذلك أعطيت كل النقود التي جمعتها لأشتري بها الكرة. أنا كنت أريد أن أتبرع بنصفها، ولكن النقود التي جمعناها لم تكن كافية لشراء ملابس تليق بأخلاق علي.

نظر عبد الله مبتسماً إلى وجه زوجته، وقال لكريم:

- فعلت خيراً يا ولدي. وسوف أعطيك أكثر مما تبرعت به.

فرح كريم وعانق أمه وأباه وقال:

- لن أنام بعد اليوم إلا فوق السرير.

شَـــيْماءُ

شيماء فتاة في الثانية عشرة من عمرها، حسناء يزينها الحياء، تحب سماع القرآن والحديث والحكم.. نجحت في الامتحان وحصلت على نتيجة مشرفة، فأرسل لها أخوها الذي يعمل في أوروبا، هدية، وهي عبارة عن معطف حريري ثمين.

ابتهجت شيماء كثيراً بالمعطف فارتدته لتجرب مقاسه، فلاحظت أنه لا يغطي ركبتيها، فشعرت بالحزن الشديد، فحاولت تمطيطه لتجعله مناسباً لقامتها، لكن المعطف ظل قصيراً. فارتدته وخلعته أمام المرآة عدة مرات، وأخيراً قررت ارتداءه والخروج به من المنزل.

وقفت شيماء أمام المرآة مزهوة بمعطفها الحريري، فنظرت إلى كل جوانب جسدها، وسرحت شعرها، واتجهت نحو الباب. فخرجت ووقفت على الرصيف، فنظرت إلى ساقيها العاريتين فخفق قلبها وشعرت برعشة وبرودة تسري

في سائر جسدها . فأسرعت إلى البيت، ووقفت أمام المرآة فلاحظت وجنتيها قد احمرتا من الحياء، فخلعت المعطف القصير، وارتدت فستانها الطويل. وجلست على كرسي مكتبها، وأخذت قلماً وورقة وكتبت:

بسم الله الرحمن الرحيم

الحمد لله رب العالمين، والصلاة والسلام على الرسول الكريم.

أخي العزيز: السلام عليك ورحمة الله تعالى وبركاته.

أما بعد، فأخبرك - أخي - أنني تسلمت هديتك الغالية التي أدخلت السرور على قلبي؛ لذلك أشكرك جزيل الشكر، وأرجو أن ترسل لي في فرصة أخرى، إن شاء الله، كتباً علمية تناسب مستواي الدراسي، بدل الملابس.

وفي الختام، تقبل مني أزكى التحية وأطيب التمنيات.

والسلام.

توقيع: أختك شيماء

أغلقت شيماء غلاف الرسالة وخرجت من البيت متجهة إلى مكتب البريد، فنظرت إلى ساقيها، وهي تعبر الشارع، فرأت أذيال فستانها الأبيض الطويل المزخرف بالورود ترفرف فوق قدميها فهدأ نبض قلبها، واطمأنت نفسها.

صدر في سلسلة أدب الأطفال

١- غرد يا شبل الإسلام - شعر - محمود مفلح.

٢- قصص من التاريخ الإسلامي - أبو الحسن الندوي.

٣- تغريد البلابل - شعر - يحيى الحاج يحيى.

٤- مذكرات فيل مغرور - د. حسين علي محمد.

٥- أشجار الشارع أخواتي - شعر - أحمد فضل شبلول.

٦- أشهر الرحلات إلى جزيرة العرب - فوزي خضر.

٧- باقة ياسمين - قصص للأديب التركي علي نار - ترجمة شمس الدين درمش.

٨- أغنية للغيمة البعيدة - شعر - أحمد زرزور.

٩- مغامرات عصفور - قصص - عبدالجواد الحمزاوي.

١٠- شيماء - قصص - حسن القشتول.

١١- مدينة الرحمة - مسرحية - محمود عبدالله محمد.

١٢- بيض من ذهب - مسرحية - لطفي عبدالمعطي مطاوع.

١٣- سجين الهاء والواو - مسرحية - محمد عبدالحافظ ناصف.

● تطلب من رابطة الأدب الإسلامي العالمية:

المملكة العربية السعودية: الرياض ١١٥٣٤- ص.ب ٥٥٤٤٦

هاتف: ٤٦٣٤٣٨٨-٤٦٢٧٤٨٢ فاكس: ٤٦٤٩٧٠٦

web page adress: www.Adabislami.org

E-mail : Ingo@Adabislami.org